DISCOURS

PRONONCÉ DANS L'ÉGLISE DE PORT-VENDRES

PAR LE RÉVÉREND PÈRE ROUX

De la Compagnie de Jésus

POUR LA TRANSLATION DES RELIQUES DE

SAINTE VALÉRIE

PERPIGNAN

MAYMIL-AYMERICH, IMPRIMEUR-LIBRAIRE

4 et 6, Rue Saint-Jean, 4 et 6

—

1879

DISCOURS
PRONONCÉ PAR LE R. P. ROUX
DE LA COMPAGNIE DE JÉSUS

« Les ossements ont été visités et après la mort ils ont
rendu des oracles (Eccl. XIX. 18.) »

MONSEIGNEUR, (1)
MES FRÈRES,

C'est une sainte et chrétienne institution, mes frères,
que la parole divine se doive toujours mêler aux fêtes de
l'église catholique. Dès les premières solennités du christianisme, on a voulu que des accents graves et austères
fussent là pour animer toutes les pompes et diriger sûrement vers le ciel les joies qui éclataient même sous le
glaive des persécuteurs, autour du tombeau des martyrs.

Ce qui a été fait dans tous les temps nous le repro-
duisons aujourd'hui.

Voici donc qu'il y a une centaine d'années, du fond des
catacombes, où il reposait dans la paix de son Dieu, le
corps de sainte Valérie a été exhumé triomphalement.
Benoît XIV était pape et le cimetière de Calépode, près de
la porte saint Pancrace, avait été choisi pour l'ensevelis-
sement primitif de la martyre. C'est votre ville qui a été
choisie pour la recevoir dans ses murs, et une chapelle
élevée à l'Immaculée Conception a obtenu l'insigne pri-
vilége de la posséder en entier. C'est à l'accueillir dans
votre ville et à l'installer dans sa définitive demeure que
la cérémonie présente est consacrée. Cette fête, Monseigneur, vous avez bien voulu, interrompant votre visite
pastorale dans le diocèse, venir la présider, et il n'est
personne dans cette population de Port-Vendres, que vous
aimez si tendrement, depuis le pasteur jusqu'au plus
humble de ses fidèles, qui n'en soit ému et reconnais-
sant !

(1) Monseigneur Caraguel, évêque de Perpignan.

Quelle fut la vie de sainte Valérie? Nous l'ignorons : nous connaissons son nom propre, gravé et retrouvé sur la pierre de son sépulcre. Le vase de sang qui est avec ses reliques, la palme gravée à côté de son nom sur la pierre tumulaire, attestent invinciblement que cette sainte femme mourut martyre pour Notre Seigneur Jésus-Christ.

Mes frères, cela suffit ; le reste n'importe pas ; notre cœur n'a pas assez de tendres sentiments, notre bouche manque de suffisantes louanges, pour exalter, comme il le mérite, ce magnanime témoin de notre foi ! Sainte Valérie est martyre ; donc, qu'elle qu'ait pu être sa vie, qu'elle se soit écoulée dans le palais des patriciens ou consumée dans une chaumière, sainte Valérie est une illustre, sainte Valérie est un modèle à suivre, sainte Valérie est une protectrice et toute notre vénération pour elle, toute notre confiance est largement justifiée !!

Vous trouverez bon, mes frères, que je vous parle de cette vénération même, et des fruits qu'elle doit vous apporter. Dans les actes des martyrs de la foi et dans les livres des saints docteurs de l'Eglise, j'ai cherché avec sollicitude quel est le culte dont nos pères environnaient les ossements de leurs martyrs. Il fallait voir, de plus, quel est le culte qui formait les chrétiens de l'ancienne Eglise.

Plus que jamais je ne saurais vous le dire, j'ai été heureux de retrouver dans les documents du 2e siècle et dans les œuvres de saint Ambroise, de saint Chrysostôme et de saint Basile, l'histoire anticipée des manifestations pleines de foi que nous allons avoir tout-à-l'heure sous nos yeux. Cette analogie de votre foi et de la foi des anciens me permettra de passer rapidement sur certaines idées, qui, dans un auditoire moins chrétien que celui-ci, demanderaient des développements plus étendus. J'indiquerai donc brièvement, par quelques exemples qui la résument, la tradition constante de l'Eglise, la vénération due aux corps des martyrs, et je vous signalerai ensuite, ce qui fait l'âme de ce culte du dehors. Je rappellerai à votre attention quelques unes de ces vérités fortes et fondamentales dont tout chrétien doit imprégner constamment la substance même de son être surnaturel.

La première considération vous exposera ce que, en entrant dans la chapelle où sera désormais la tombe de sainte Valérie, vous devez apporter à la dépouille mortelle et sanctifiée de votre protectrice : la seconde vous dira ce que vous pourrez y recueillir.

Daigne la très-sainte Vierge, dans le mois de laquelle nous nous trouvons, et qui, partout représentée dans les catacombes, est la reine des martyrs, bénir notre parole et féconder vos bonnes dispositions. *Ave Maria.*

I

Déjà dans la vieille alliance, Dieu avait inspiré et sanctionné avec éclat l'honneur dû aux restes des saints. Quand Moïse fuyant l'Egypte partit pour s'acheminer vers la terre que Dieu lui avait montrée au loin, il ne laisse point derrière lui les ossements du patriarche Joseph ! Les lévites courbaient leurs épaules sous ce fardeau , on entendit retentir toutes les trompettes du camp, et lorsque Israël fut parvenu au désert, une tente magnifique abrita ces chères et vénérables dépouilles.... Plus tard, les ossements déjà blanchis d'Elisée rappelèrent à la vie les cadavres placés dans leur tombeau ?

Dès les premiers jours du nouveau testament, on vit avec admiration s'étendre ce salutaire pouvoir que Dieu attribuait à tout ce qui avait touché à ses saints: le suaire du grand Saint Paul, la ceinture qui entourait ses reins multipliaient les prodiges et il suffisait quelquefois de l'ombre même de Saint Pierre pour guérir les malades. Rien donc ne doit nous étonner dans ces honneurs touchants que les fidèles rendaient aux cendres, aux ossements, aux plus petites reliques des saints et surtout à la dépouille des martyrs. Par l'histoire des diverses églises de Syrie, des Gaules et d'Afrique, nous apprenons que lorsqu'un chrétien, pontife ou enfant, noble ou esclave, avait souf-

fert pour la foi, ses frères dressaient les actes de son
martyre ; pour les avoir avec plus d'exactitude, ils
copiaient aux greffes publics, avec des frais considéra-
bles, jusqu'aux moindres particularités de l'interroga-
toire et ils recueillaient ensuite avec un respect attendri
ce qu'ils pouvaient dérober de son corps à la flamme des
bûchers ou à la dent des lions.

A Smyrne, le proconsul romain interroge le saint
évêque Polycarpe et sur sa confession généreuse il le con-
damne à mourir ! Il veut d'abord le mettre en croix,
mais, lui dit-on, ce serait rappeler aux chrétiens un autre
martyr qu'ils adorent, et en laissant tomber un rayon de
la croix de Jésus sur celle de Polycarpe changer un
supplice en triomphe. Le proconsul ordonne donc que
l'évêque mourra par la flamme. L'exécution eut lieu,
mais lorsque la nuit fut venue, les chrétiens de Smyrne
se glissant dans l'ombre allèrent recueillir ces cendres
bien aimées, comme ils le rapportent dans leurs let-
tres. « Nous avons, disent-ils, enlevé ces ossements plus
précieux à notre piété que l'or et le diamant. Nous les
avons déposés avec honneur là où nous avons pu. C'est
là que chaque année, dans la joie de notre âme, nous
viendrons célébrer la fête du pontife.»

Cette vénération allait chaque jour en croissant sur
les corps glorifiés par le témoignagne rendu à Jésus-Christ.
On dressait de riches autels, on élevait de pom-
peuses basiliques, et quand le temps amenait le jour
anniversaire de cette confession triomphante, on voyait
au loin les villes s'ébranler, les chrétiens précédés comme
aujourd'hui de leurs évêques accouraient par multitudes. En leur présence, l'adorable sacrifice était offert à
Dieu en l'honneur du martyr qui reposait là ! De grands
miracles s'accomplissaient d'ordinaire ; la journée entière
était pour les pèlerins une journée de prières, de chants et
de festins pieux en l'honneur du martyr, et en d'autres exer-
cices propres à augmenter en eux les célestes joies de l'esprit.
Les heureux témoins de ces fêtes de la religion et de la fa-

mille envoyaient aux chrétiens absents et les évêques adressaient aux églises éloignées de petits pains bénits sur la tombe du martyr et auxquels la charité ardente des premiers âges avait attribué les doux noms de *symbole* et d'*Eulogie*!

C'est là que se prenaient les fermes convictions de l'esprit et les grands sentiments du cœur.

Par une grâce signalée de Dieu et une délicate attention de la Providence, chaque pays avait ses sanctuaires célèbres. Milan révérait saint Gervais, saint Protais et saint Nabor, Carthage, saint Cyprien et le grand martyr saint Etienne, dont saint Augustin lui-même nous a rapporté tout au long les prodiges innombrables. Rome était toute l'année en fête pour célébrer ses nombreux enfants tombés sur l'arène du Colysée et ensevelis aux catacombes. Constantinople voyait affluer dans son sein les richesses que toutes les Eglises d'Orient lui envoyaient pour contenter la foi de ses empereurs et la piété de ses Impératrices. C'est là que tout autour des cendres de saint Babylas, le peuple aimait à répéter ce verset des saints livres qui mettait en fureur Julien l'apostat. « que tous ceux qui adorent les divinités de bois et de métal soient à jamais confondus. »

Saint Chrysostôme voyant d'un côté les crimes de son peuple, contemplant de l'autre ces phalanges immaculées de martyrs qui reposaient dans la paix de leurs combats pour Notre Seigneur Jésus-Christs s'écriait « Si Dieu, notre maître et le leur, irrité de la multitude de nos offenses, est prêt à décharger sur nous sa colère, apaisons-la en lui rappelant quels hommes reposent au milieu de cette ville coupable. » A d'autres âges, lorsque les abus se furent presque partout mêlés à ces réunions de chrétiens, l'Eglise abolit sagement ce qu'elle avait sagement établi. Si elle interdit à ses enfants ces joies bruyantes du dehors c'est pour que la ferveur intérieure fût moins distraite et uniquement plus entièrement appliquée au but sérieux qu'on doit poursuivre dans l'honneur rendu à un saint.

Rappelons maintenant un exemple, illustre entre tous les autres, de l'enthousiasme des chrétiens pour les débris du martyre. On était sous l'Empire de Trajan. Ce prince, à qui l'histoire faussée a fait un renom de piété, le méritait, puisqu'il aspirait à immoler tous les chrétiens de l'Empire à la dévotion qu'il avait à des divinités infâmes, et afin de procéder plus sûrement, il avait donné l'ordre d'égorger avant tout les évêques : probe, mais d'une probité sanguinaire, il fit tomber, par ses désirs de justice, d'innombrables martyrs sous le couteau.

Saint Ignace, le grand évêque d'Antioche, interrogé, jugé, condamné par lui fut déchiré de la dent des lions au Colysée et lorsqueIgnace eut, par son supplice, amusé le peuple-roi, durant d'impures saturnales, ses reliques receuillies avec soin, furent transportées de Rome à Antioche. Ce fut une continuelle marche triomphale.

Les cités par où ses ossements devaient passer, sortaient de leur enceinte pour les recevoir. Elles se rappelaient que, quelques mois auparavant, elles avaient vu passer, couvert de chaînes, ce magnanime vieillard et que les Evêques, les Diacres, les fidèles des Eglises étaient venus de loin s'agenouiller devant ce captif de Jésus-Christ et vénérer les fers qu'il portait pour l'Evangile. Malgré la persécution qui sévissait à outrance, malgré les railleries, les menaces et les délations toujours accueillies des idolâtres ; malgré les lois romaines qui défendaient le transport d'un cadavre, les princes du peuple, les fils de la première noblesse se disputaient l'honneur public et périlleux de charger leurs épaules de ce fardeau. C'est ainsi que, portés par l'amour et la dévotion des peuples, ces restes allaient de ville en ville. Troade, Smyrne, Séleucie les reçurent avant de les rendre à Antioche ; et lorsque, deux siècles après, l'éloquente voix de Saint-Jean Chrysostôme rappelait ce souvenir aux chrétiens d'Antioche, on les voyait fondre en larmes et redoubler de ferveur au service de Notre Seigneur Jésus-Christ.

Après l'histoire de ces manifestations éclatantes et extraordinaires, nous trouvons les détails touchants d'une dévotion plus calme et plus soutenue et, en les relisant, je me demande, mes frères, si Théodoret, qui nous les rapporte, aurait pu mieux nous exprimer ce que nous avons sous les yeux, en décrivant ce qu'il voyait lui-même faire aux chrétiens de son temps : « Chez nous, dit-il, les femmes chrétiennes inondent de parfums et couvrent d'étoffes précieuses les châsses où reposent les martyrs. La dévotion reconnaissante des peuples orne leurs tombeaux d'emblêmes qui rappellent les grâces obtenues ; on y voit la cire, les fleurs et, appendues tout auprès, des figures de pieds, de mains, placées là à la suite de faveurs dont la gratitude veut perpétuer le souvenir autant que permet de le faire la pauvreté des chrétiens ! »

Voilà ce que vous apporterez aux pieds et aux ossements de Sainte Valérie.

Quelles sont les grâces que vous y recueillerez ?

Elles sont au nombre de trois que j'exposerai très-rapidement.

Une preuve de l'amour que l'Eglise a pour vous, un enseignement sur la force de notre volonté soutenue par la grâce divine, et enfin une preuve décisive de la divinité de Notre Seigneur Jésus-Christ et de sa victoire sur le monde.

II

La preuve de l'amour que l'Eglise a pour vous, mes biens chers frères, est ici d'une parfaite évidence et facile à établir en quelques mots. Le corps d'un martyr n'est-il pas, pour la cité qui a le bonheur de le posséder dans ses murs, une force invincible sous quelque apparence que le danger vienne à vous menacer ? C'est le cri de toute la tradition catholique.

Quand les quarante jeunes soldats de Sébaste, dont je vous parlerai tout-à-l'heure, eurent enduré le martyr, on vit les plus grandes villes de l'Orient s'émouvoir et solliciter, par ambassadeurs, une part si minime fùt-elle, de leurs glorieuses dépouilles.

Saint Basile disait à son peuple : Nous les envoyons au loin et partout leurs reliques servent d'ornement et de rempart.

Saint Grégoire de Nysse avait vu de ses yeux le culte qu'on leur rendait et dans son fier langage il atteste que les reliques de ces jeunes héros étaient disposées dans les villes diverses de la Grèce et de l'Asie, comme en des colonies où ces bienheureux apportaient, en entrant, protection et sécurité. « Souvent, dit-il, on les oppose aux armées ennemies, et un peu de cette poussière des guerriers de Jésus-Christ est comme une de ces tours inexpugnables qu'aucun effort ne peut entamer !... »

On les vénère partout, ajoute Théodoret, comme les gardiens et la force des villes. Encore de nos jours, dans le midi de la France, n'existe-t-il pas des villes où le peuple appelle les saints de ses cryptes les gardiens de la cité ? Et telle est l'efficacité de leur intercession que jamais l'hérésie n'a souillé la foi de ces peuples, ni les fléaux qui dévastaient les alentours, franchi l'enceinte de ces murs.

Donc, en déposant au milieu de vos demeures le corps de Sainte Valérie, extrait des catacombes où il reposait depuis des siècles, l'Eglise de Rome, mes frères, a montré quelle confiance et quelle affection elle porte à l'Eglise de Port-Vendres. Elle vous a envoyé à vous personnellement le germe des grâces les plus signalées à obtenir du Ciel. Remarquez qu'en arrivant ici sainte Valérie est devenue l'une de vous. L'étranger qui foule votre sol vous environne de ses sympathies. Une sainte si puissante et si bonne ne le ferait-elle pas ? Désormais donc vos joies seront ses joies ; vos tristesses ses tristesses, vos solennités ses solennités à Elle, et sachez, en toute occasion de votre vie, la prier et l'invoquer. Qu'elle vous soit plus qu'un secours et que, mes frères, sainte Valérie vous soit un exemple.

Tout martyr est l'exemple d'une grande vertu, de la force qui s'inspire de la foi et se soutient par l'amour. La force dans les croyances, la force dans les caractères, la force dans l'éducation, la force dans les tentations du dedans, la force contre les scandales du dehors ; la force dans l'épreuve envoyée de Dieu..... Quand donc tout cela fut-il plus nécessaire qu'en présence de la mollesse qui nous environne et nous énerve, à ceux qui veulent suivre Jésus-Christ comme il faut le suivre, c'est-à-dire avec un esprit déterminé et un cœur indépendant. Le spectacle des martyrs est très-capable de nous en donner un désir jaloux ; car de toutes les vertus, c'est la force qui le plus irrésistiblement arrache au cœur de l'homme son admiration et sa sympathie. Or, il est utile, il est beau de voir des frères, des hommes dans la force de l'âge et tout l'éclat des honneurs, des femmes auxquelles tout souriait ici bas, autant qu'il peut nous sourire, et qui, comme vous, se sentaient violemment portées vers le monde ; de jeunes filles à la veille de contracter de splendides alliances, des enfants même, être saisis par la grâce à laquelle ils ne résistent pas, dès lors s'oublier totalement eux-mêmes, estimer assez la majesté divine, prendre assez au sérieux les dogmes de leur foi, pour faire, non pas seulement le sacrifice le plus grand de tous, celui de la vie, mais pour le faire au milieu des tortures les plus raffinées et des plus éclatantes ignominies.

En lisant cela, en voyant les gloires de ceux qui furent nos frères dans la foi, on sent s'éveiller dans son cœur les fibres les plus endormies et on s'écrie : Ce qu'ils ont pu je le pourrai, je ne veux pas dégénérer des grands sentiments qui vont si bien à un enfant de Dieu.

L'Eglise en mettant sous nos yeux les ossements des martyrs n'a pas un but différent.

Vous avez entendu le langage des fidèles de Smyrne racontant le martyre de leur évêque Polycarpe, ils ajoutent : « C'est là vers ce tombeau que, chaque année, dans « la joie de nos âmes et l'élan de notre piété, nous

« viendrons célébrer la fête du Pontife; l'honneur rendu
« à sa cendre nous rappellera le courage de nos Pères
« dans leurs combats et apprendra à nos enfants comment
« il faut souffrir et succomber pour la cause de Dieu. »

Voilà bien les fortes pensées du Christianisme, voilà
l'éducation selon Notre Seigneur Jésus-Christ.

Mes frères, nous sommes chrétiens et la foi chrétienne,
selon une très-belle parole de Tertullien, est une promesse
faite à Dieu d'endurer le martyre ; c'est une dette à
acquitter par tous les baptisés ; or il y a deux sortes de
martyres ; l'un du sang à répandre et de la mort à subir,
l'autre martyre véritable aussi, bien qu'en un sens moins
rigoureux, c'est la patiente lutte du chrétien, contre
les difficultés qu'il rencontre à chaque pas, pour remplir,
en conscience, tous les devoirs de la vie chrétienne. En
ce sens, Mes Frères, vous pouvez tous être martyrs du devoir, et après cette belle cérémonie, d'auprès du corps de
Sainte Valérie, votre nouvelle Sainte, vous emporterez
tous cette résolution: d'être de plus en plus forts, dévoués,
patients, courageux dans votre vie de famille, surtout à
l'heure où vous êtes occupés à gagner ce jubilé que le
souverain Pontife montant au trône de Pierre, a donné
au monde catholique.

Votre foi s'augmentera à mesure que votre courage
s'enflammera davantage.

C'est un spectacle émouvant et grandiose que le
spectacle que le monde a jadis contemplé pendant les
quatre premiers siècles du christianisme et dans lequel
brille Valérie par son rôle admirable et sanglant ! !

Au fond des bourgades de la Palestine sur les rives du
lac si beau de Génézareth, dans la bonté exubérante de
son âme, un homme réunit autour de lui les multitudes
heureuses de son passage et émues de sa parole. Il leur dit :
Le monde me hait, il vous détestera comme il m'a détesté.
Les synagogues vous rejetteront de leur sein et croiront faire
une œuvre méritoire en vous condamnant au supplice et en

vous livrant à l'ignominie. De toutes les façons vous serez pressurés dans le monde ; mais ayez confiance !

Moi j'ai vaincu le monde, vous me rendrez témoignagne en Judée, à Samarie, jusqu'aux extrémités les plus lointaines du monde.

Aux tribunaux, devant lesquels vous serez traînés, ne vous occupez pas de ce que vous aurez a répondre ; à l'heure même je vous inspirerai votre langage. L'Esprit de votre Père céleste parlera par vos lèvres. Sachez-le donc : Bienheureux ceux qui doivent souffrir et mourir !

Malgré ce qu'un tel langage avait d'insolite et d'effrayant pour la nature, cet homme fut suivi, on l'aima comme jamais un homme n'a été aimé sur la terre. Un jour la calomnie des pharisiens, la jalousie des Prêtres juifs, la faiblesse d'un gouverneur romain le clouèrent à un gibet. Mais que font l'astuce ou la fureur des hommes lorsque Dieu veut conduire son œuvre à bonne fin ? Par le plus grand des miracles et après l'avoir annoncé comme preuve de la divinité de sa mission pour ou contre la divinité de Notre Seigneur Jésus-Christ une lutte qu'on n'avait jamais vue s'engage.

D'un côté, sont toutes les forces combinées, de l'autre, toutes les faiblesses réunies. Partout, à l'Orient, à l'Occident, au midi et au Septentrion les échafauds se dressent, les bûchers s'allument, des tourments inouis sont inventés, la séduction est employée à l'égal de la violence. Les proconsuls, les licteurs, les prêtres des faux dieux parcourent le monde en tous sens.

Rome, si humaine toujours, rend cette fois des édits atroces qui sont exécutés avec une cruauté froide. Barbare ou citoyen, on ne peut faire un pas sans rencontrer un brasier qui fume auprès d'une idole, et dans lequel il faut jeter de l'encens ou mourir ! Mes frères, on meurt ! on meurt, et par quelles manœuvres sanguinaires, vous le savez bien!..... On meurt, en se souvenant que Notre Seigneur Jésus - Christ a prédit toutes ces persécutions et chaque martyr, dans la joie qui l'accompagne au cirque, se souvient de ces prédictions tombées d'une bouche divine ! On meurt ! des millions d'hommes, au moins, sont là pour l'attester ! On meurt ! ni la décrépitude, ni la première enfance, ni l'opulence, ni le dénuement, ni les affections les plus tendres et les plus profondes de la nature et du sang n'y font rien ! ..... Au dessus d'un fils encore au berceau, ou d'une épouse inconsolable on place Jésus-Christ, et puisque le devoir l'exige, on a raison !

On pleure malgré soi, le ciel le permettant ainsi, pour que le sacrifice soit plus méritoire encore. On pleure ; mais l'on marche et l'on meurt ! !

Ces invincibles témoins de notre foi sont faibles ; humainement parlant, faibles par l'éducation, faibles par les habitudes, faibles par le cœur quelquefois ; mais la parole entendue ou transmise les soutient, la grâce les porte, ils meurent ! et ils soutiennent quatre siècles durant, la preuve par le sang de la divinité de Notre Seigneur Jésus-Christ et quand toute la terre a été empourprée du sang chrétien, quand, dans un accès d'incroyable démence, un empereur Romain a fait dresser au fond de l'Espagne une colonne pour attester, à jamais, que le christianisme a été exterminé par ses mains, voici que tout-à-coup la force païenne s'avoue vaincue et défaite par la faiblesse des martyrs... Elle s'en va dans les écoles des sophistes, chercher des armes nouvelles et Jésus-Christ notre Dieu, reconnu, proclamé par les Césars de l'empire, gouverne règne et triomphe !

Sainte Valérie, dont le corps va être triomphalement porté dans vos rues, a donné son sang pour cette grande cause et nous trouvons ce sceau divin de Jésus-Christ et nous honorons ce cher souvenir, dans la glorieuse poussière de ses ossements.

A propos de cette femme martyre, laissez-moi tirer de l'histoire des persécutions le souvenir d'une autre femme, d'une mère !

C'est à Sébaste : on vient d'enlever à une noble mère,

dont le nom a disparu devant la gloire de son fils, l'enfant qui est son unique consolation. De longs embrassements et desadieux déchirants ontprécédé cette séparation suprême. Le jeune homme, qui a un grade dans l'armée, va mourir pour la foi chrétienneavectrente-neufautresdeses compagnons d'armes, comme lui chrétiens fervents et inébranlables. Cette mère cependant a senti la foi parler plus haut dans son âme que les tressaillements de la nature. Elle suit les martyrs.

Mélithon (ou Mélethon) son fils est jeune, il est beau. une brillante carrière l'attendait, ne faiblira-t-il pas dans les tourments? Elle veut être tout auprès de lui pour l'encourager danssescombats pour Jésus-Christ.On charge les confesseurs de chaînes, on leur rompt les dents avec des fragments de rocher, durant une rigoureuse nuit d'hiver, on les dépouille et on les expose sur un étang glacé. La Mère de Mélethon ne le quitte pas! Elle veille aux portes de son cachot et l'exhorte quand il sort. Enfin le dernier supplice est annoncé; le peuple est accouru, la mère est encore là. Sous ses yeux les bourreaux rompent avec cruauté les jambes de son enfant. Elle contient avec peine les sanglots prêts d'éclater dans sa poitrine. Tous les autres ont expiré, on emporte leurs corps pour les jeter aux flammes d'un bûcher.

Mélethon vit encore! Ses frères du martyre vont au ciel et il reste sur la terre! Alors cette admirable mère s'approchantdelui : O mon fils, luidit-elle,Jésus-Christ ton Dieu t'attend, Il te vient en aide ; va donc à Lui... C'est pour Lui que tu meurs — Tu me quittes, mais ta mère te reverra au ciel!... A ces mots, de ses propres bras, elle, sa Mère, elle prend lecorps deson enfant, le porte elle-même, suivant à grands pas le char des martyrs. Le jeune homme mourut bientôt dans les bras de son héroïque mère, en invoquant Jésus-Christ, et celle-ci eut encore le mâle et chrétien courage de le placer, de sa main maternelle, sur le bûcher, afin que sa cendre se mêlât à la cendre des autres confesseurs de Jésus-Christ.

Mes frères, achevons ! Comme cette sainte Enfant, sainte Blandine, si célèbre dans les Gaules, triomphait de tous ses juges par ces simples paroles. qui la ranimaient dans ses combats ! *Je suis chrétienne ?* Prenez l'habitude de dire, surtout par les pratiques de votre vie : Je suis chrétien. Vous serez dignes de sainte Valérie, dignes de Notre Seigneur Jésus-Christ ! et vous serez sauvés pendant l'Eternité que je vous souhaite avec la bénédiction de Monseigneur, votre Pontife et votre Père !

Imprimerie Maymit-Aymerich. Perpignan. — 7805.

9 782329 628677